AF325088

AVIS

TOUCHANT

L'ENTRETIEN

D'UN

PHILOSOPHE

CHRE'TIEN

AVEC

UN PHILOSOPHE

CHINOIS,

Composé par le P. Malebranche,
Prêtre de l'Oratoire;

*Pour servir de Réponse à la Critique
de cet Entretien, inserée dans les
Memoires de Trévoux du mois
de Juillet 1708.*

A PARIS,

Chez MICHEL DAVID, Quay des
Augustins, à la Providence.

M. DCC. VIII.

AVEC APPROBATION.

AVIS

TOUCHANT

L'ENTRETIEN

D'UN

PHILOSOPHE

CHRETIEN

AVEC

UN PHILOSOPHE

CHINOIS,

Composé par le P. Malebranche,
Prêtre de l'Oratoire;

*Pour servir de Réponse à la Critique
de cet Entretien, inserée dans les
Memoires de Trévoux du mois
de Juillet 1708.*

À PARIS,

Chez MICHEL DAVID, Quay des
Augustins, à la Providence.

M. DCC. VIII.

AVEC APPROBATION.

AVIS

AU LECTEUR,

Touchant l'Entretien d'un Philosophe
Chrétien avec un Philosophe Chinois,
composé par le Pere Malebranche,
Prêtre de l'Oratoire.

UNe personne tres-respectable,
& digne de foy, s'il en fût
jamais, m'ayant asseuré que par le
commerce qu'il avoit eu avec les Chinois lettrez, il avoit appris que leurs
sentimens sur la Divinité étoient tels
que je vais les exposer ; & m'ayant
sollicité plusieurs fois de les refuter,
de maniere néanmoins que je me ser-
visse des veritez qu'ils reçoivent pour
rectifier la fausse idée qu'ils ont de la
nature de Dieu, je me suis crû dans
une espece d'obligation de lui obéir;
esperant que peut-être mes raisons
serviroient aux Missionnaires qui tra-
vaillent à la conversion de ces peuples. Je ne sçais si pour justifier mon

A

obéïſſance , je puis ajoûter , que la perſonne dont je parle , m'a aſſuré , que les Chinois goûtoient fort mes ſentimens ; & que dans une lettre d'un Pere Jeſuite de la Chine à leurs Peres de France , j'ai lû le ſens de ces paroles : Ne nous envoyez point ici de vos Sçavans dans la Philoſophie , mais ceux qui ſçavent les Mathematiques, & les ouvrages du Pere Malebranche. Au reſte ce n'eſt ni par les ordres de la perſonne dont je viens de parler , ni par mes ſoins , que l'Entretien a été imprimé. On en a obtenu l'approbation ſans même que je le ſçuſſe. Je ne regardois pas ce livret comme un preſent digne d'être offert au public. J'avoüe cependant que je me ſuis rendu au deſir que mes amis avoient qu'il fût imprimé , & cela pour deux raiſons : La premiere , parce que l'on m'a repreſenté que j'y démontrois des veritez d'une extréme conſequence, & qu'il pouvoit ſervir à refuter le libertinage ; ceux qui le liront avec attention , jugeront de ce qui en eſt. La ſeconde raiſon , c'eſt que les copies manuſcrites s'étant répanduës dans le monde, il couroit un bruit que j'écrivois contre les PP. Jesuites. J'ai crû que mon Ecrit paroissant, ce bruit mal fondé se dissiperoit.

Voici donc ce qu'on m'a appris des erreurs des Philosophes Chinois, & ce que j'ai prétendu combattre dans mon Ecrit. Si je l'avois fait imprimer moi-même, je les aurois exposées d'abord dans un Avertissement ; cela paroissant necessaire pour préparer l'esprit à la lecture de ce petit Ouvrage.

Les Chinois lettrez, du moins ceux avec lesquels s'est entretenu la personne qui m'a instruit de leurs sentimens, croyent 1° qu'il n'y a que deux genres d'êtres, sçavoir *le Ly* ou la souveraine Raison , Regle, Sagesse, Justice, & la matiere.

2° Que *le Ly* & la matiere sont des êtres éternels.

3° Que *le Ly* ne subsiste point en lui-même , & indépendament de la matiere. Apparament ils le regardent comme une forme , ou comme une qualité répanduë dans la matiere.

4° Que *le Ly* n'est ni sage ni intelligent, quoique la sagesse & l'intelligence souveraine.   A ij

5° Que *le Ly* n'eft point libre, & qu'il n'agit que par la neceffité de fa nature, fans fçavoir ni vouloir rien de ce qu'il fait.

6° Qu'il rend intelligent, fage, jufte, les portions de matiere difpofées à recevoir l'intelligence, la fageffe, la juftice. Car felon les lettrez dont je parle, l'efprit de l'homme n'eft que de la matiere épurée, ou difpofée à être *informée* par *le Ly*, & par là renduë intelligente ou capable de penfer. C'eft apparament pour cela qu'ils accordent que *le Ly* eft la lumiere qui éclaire tous les hommes, & que c'eft en lui que nous voyons toutes chofes.

Ce font-là en general les erreurs & les paradoxes que j'ai eû en vûë dans mon Ecrit, & que l'on a fouhaité que je refutaffe.

Comme il y a quatre ou cinq mois qu'il a été imprimé, il eft venu à la connoiffance des Journaliftes de Trévoux. Quelqu'un d'entre eux l'a lû apparament avec un peu trop de précipitation, & de prévention, & il en a fait la critique. Je vaïs la rapporter toute entiere, afin que par la comparaison des pieces qu'on aura entre les mains, on puiſſe juger ſolidement, non de la capacité de l'Auteur, qui ſans doute pourroit mieux faire, mais de ſon équité à mon égard. Car il tâche, ce ſemble, de faire naître des ſoupçons ſur leſquels il ne m'eſt pas permis de me taire ; non ſeulement à cauſe de la qualité des Auteurs, mais auſſi à cauſe de la multiplicité des exemplaires de leurs Journaux, qui parlent & qui parleront dans la ſuite des temps à tous ceux qui les voudront lire. *Voici cette Critique, tirée des Memoires de Trévoux de l'an 1708.*

ARTICLE. LXXXIX.

Entretien d'un Philoſophe Chrétien & d'un Philoſophe Chinois ſur l'exiſtence & la nature de Dieu, &c.

L'AUTEUR de la Recherche de la verité & de cet Entretien, met ſans façon l'Athéïſme ſur le compte d'un Philoſophe Chinois, & lui ſous le nom *d'un Philosophe Chrétien entreprend de le convaincre par ses raisonnemens particuliers. Peut-être que tout Philosophe Chinois & tout Philosophe Chrétien ne conviendroient pas de ce qui se dit icy de part & d'autre. Cela même est certain de l'Empereur de la Chine, autant éloigné de l'Athéisme, qu'il est sçavant dans la Philosophie de sa nation.*

REMARQUE. Ces paroles, *met* SANS FAÇON *l'Athèisme sur le compte d'un Philosophe Chinois*, donnent à entendre qu'en cela je n'ai pas raison. Ainsi, puis qu'il n'y a pas un seul Chinois qui donne dans l'Athéisme, & qui sans blesser la vrai-semblance, puisse me servir d'interlocuteur pour refuter l'impieté, il n'y a pour contenter la délicatesse de l'Auteur, qu'à changer Chinois en Japonois ou Siamois, ou plûtôt en François: car il convien que *le Systême de l'impie Spinoza fait icy de grands ravages*; & il me paroît qu'il y a beaucoup de rapport entre les impietez de Spinoza, & celles de nôtre Philosophe Chinois. Le changement de nom ne changeroit rien dans ce qui est essentiel à mon Ecrit. Je prie l'Auteur

de ne mettre fur mon compte que
les preuves que j'apporte contre les
erreurs qu'on a fouhaité que je refutaffe ; & de me laiffer cependant
la liberté de croire des faits que
m'affure une perfonne, dont je ne
doute nullement de la probité & de
la fincerité.

Au refte je ne mets point l'Athéïfme fur le compte des Chinois, fi ce
n'eft que par l'Athéïfme on entende
le refus de reconnoître l'exiftence du
vrai Dieu, de l'Eftre infiniment parfait en toutes manieres. Si les Chinois lettrez adorent le Ciel materiel,
ou même le *Seigneur du Ciel*, en re-
gardant ce Seigneur comme un tel
eftre, un eftre borné & fini dans fon
effence, comme un puiffant Roi,
femblable, par exemple, au Jupiter
des Payens, ce vainqueur des Geants,
& des Titans, qu'ils appelloient le
Dieu du Ciel; ils font auffi idolâtres
que s'ils adoroient Pluton, le Seigneur des Enfers, ou Beelzebub, le
Dieu des mouches. Je veux croire
fur la parole de l'Auteur, que l'Empereur de la Chine reconnoît & adore
le vrai Dieu, l'Eftre infiniment par-

fait, en un mot, Celui qui est ; car c'est le nom abfolu que Dieu fe donne à lui-même. Je fouhaite auffi de tout mon cœur que les Peres Jefuites obtiennent de lui fur cela une declaration publique : car apparament il leur a fait confidence de fes bons fentimens, puis qu'on nous dit ici *qu'il eft certain qu'il eft tres éloigné de l'Athéïfme.*

L'Auteur. *Avant que de venir à la demonftration de l'Exiftence de Dieu, il faut en établir la notion : & la voicy.* Nôtre Dieu c'eft celui qui est, « c'eft l'Eftre infiniment parfait, c'eft « l'Eftre. Ce Roi du Ciel que vous « regardez comme nôtre Dieu, ne « feroit qu'un tel eftre, qu'un eftre « particulier, qu'un eftre fini. Nôtre « Dieu eft l'eftre fans reftriction ou « limitation. Il renferme en lui-mê- « me d'une maniere incomprehen- « fible à tout efprit fini * tout ce « qu'il y a de realité veritable dans « tous les eftres & créez & poffibles. «

Remarque. Ce texte eft tiré de mon écrit page 3. Mais à l'endroit que j'ai marqué par une étoile, on a ômis ces paroles, *toutes les perfections.*

Il faut en lire la troisiéme & la qua-
triéme page , & même la dix-septiéme, pour mieux juger de ce qui suit.

L'Auteur. C'est au Chinois maintenant à avertir tous les Missionnaires
de ne plus se servir du mot de Tien-
chu , c'est-à-dire , le Seigneur du Ciel ,
pour signifier Dieu. Mais s'il se convertit , & qu'il lise les saintes Ecritu-
res , il sera bien étonné d'y trouver à
chaque page, que Dieu est le Seigneur
& le Roi du Ciel & de la terre , &
sur tout que Dieu est un tel estre , un
estre particulier , absolument distingué
de tous les autres , & infiniment élevé
au dessus d'eux , & dont par consequent
il ne renferme point en soi la realité ,
quoi qu'il en contienne éminemment toutes les perfections. Comme tout ce qui est
créé , participe en sa maniere aux perfections de Dieu , & non à sa realité ,
de même Dieu en sa maniere renferme
les perfections qu'il a données , & non
la realité de son ouvrage : mais il faut
croire que le mot de realité est ici mis
pour celui de perfection ; comme il y a
lieu de l'inferer de ce que dit l'Auteur,
que les estres créez ne sont pas des parties de Dieu , mais des imitations infi-

niment imparfaites de son essence seule-
ment. Dans les instructions il seroit à
propos d'éviter des termes qui font un
mauvais sens ; sur tout dans un temps
où l'impie système de Spinoza fait de
secrets ravages.

Comme je suppose qu'on a lû avec
attention la troisiéme & la quatrié-
me page , & aussi la dix-septiéme ,
dont l'Auteur rapporte quelques paroles , je croi qu'on n'a pas grand
besoin de réponse : cependant voicy
quelques refléxions sur ce discours de
l'Auteur.

Je ne vois pas pourquoi de ce que
j'ai dit dans l'endroit qu'on a tranf-
crit , que le Dieu des Chrétiens ,
c'est CELUI QUI EST , *l'Estre infini-*
ment parfait , & le reste : Je ne vois
pas , dis-je , pourquoi l'Auteur en
conclut : *que c'est au Chinois mainte-*
nant à avertir tous les Missionnaires de
ne plus se servir du mot de Tien chu,
Seigneur du Ciel, *pour signifier* Dieu.
J'avouë que *Seigneur du Ciel* , & même *le Ciel* , font des termes dont on
se peut servir en parlant de Dieu ;
parce qu'ils peuvent réveiller dans
l'esprit la notion du vrai Dieu, à l'é-

gard de ceux qui le connoiſſent déja.
Quand les Chrétiens diſent , par
exemple, que c'eſt du *Ciel* qu'il faut
attendre la paix , on voit bien que
par le *Ciel* ils entendent le vrai Dieu ;
mais c'eſt par ce qu'on ſuppoſe qu'ils
le connoiſſent , & n'en adorent point
d'autre. *Seigneur du Ciel* n'eſt qu'un
nom de qualité , qu'un nom relatif :
Mais ᴄᴇʟᴜɪ ǫᴜɪ ᴇꜱᴛ , ou l'Eſtre infiniment parfait , eſt un nom abſolu,
qui exprime l'eſſence du vray Dieu ,
& qui ne peut convenir qu'à lui.
Dieu ſans doute peut faire un Ange
Seigneur du Ciel , en lui donnant le
pouvoir de regler le mouvement des
Aſtres : mais un tel Seigneur du Ciel
ne ſeroit pas le Dieu des Chrétiens.
Si donc le Chinois ſe convertit ; mais ſe
convertit bien , *& qu'il liſe les Ecri-*
tures, il ne ſera nul'ement *étonné de*
trouver, ſi l'on veut , *à chaque page* ,
que Dieu eſt *le Seigneur & le Roi du*
Ciel. Car il ſçaura bien qu'il l'eſt ef-
fectivement , & qu'il ne reſſemble pas
à Jupiter que les Payens appelloient
le Seigneur du Ciel Il ne ſera pas
même ſurpris que l'Ecriture Sainte
donne à Dieu des bras & des mains ,

des yeux , & des oreilles : parce
qu'ayant appris dans la même Ecriture, que le vray Dieu eſt CELUI QUI
EST , l'Eſtre infiniment parfait, infiniment bon, ſage, juſte, puiſſant &
le reſte, il comprendra que ſi elle
humaniſe ſouvent la Divinité par ſes
expreſſions , c'eſt qu'elle s'accommo-
de à la foibleſſe des hommes.

Je n'apperçois pas non plus ſur quel
fondement l'Auteur inſinuë ici & plus
bas , que mon ſentiment pourroit
être , que Dieu n'eſt pas un tel Eſtre,
ou *un Eſtre particulier diſtingué de
tous les autres ,* mais un compoſé de
toutes les parties de l'Univers , ce
qui eſt l'impieté de Spinoza ; & cela
ſur tout aprés avoir lû la page 17.
dont il cite icy les paroles , dans laquelle page je marque préciſement en
quel ſens on doit dire , que Dieu eſt,
& qu'il n'eſt pas un *tel Eſtre ,* ou un
Eſtre particulier. Je prie le Lecteur
qu'il liſe cette 17. page avec quelque
attention. Je ne comprends pas comment l'Auteur ne voit point , que
quand on dit que Dieu n'eſt pas un
tel Eſtre, ou un tel bien , quand même on n'ajoûteroit pas ce que j'ai

toûjours fait , un Eſtre borné , un bien fini , on veut dire par-là que Dieu eſt l'Eſtre ou le bien , dont tous les autres participent , comme n'étant que des imitations imparfaites , & finies de ſon eſſence : *Quid plura & plura* , dit S. Auguſtin , * *bonum hoc & bonum illud ? Tolle hoc & illud, & vide ipſum bonum , ſi potes , ita Deum videbis ; non alio bono bonum , ſed bonum omnis boni.* Mais , ajoûte l'Auteur , *Il y a lieu d'inferer que le mot de realité eſt ici mis pour celui de perfection.* Il n'y auroit pas ſeulement *lieu* , mais il y auroit *neceſſité* de le croire , ſi l'on avoit tranſcrit exactement mon Texte , & qu'on n'en eût point retranché ces paroles , *toutes les perfections* qui, ſans la particule conjonctive & additive ET, ſont, *pag 3.* avant celles-cy , *tout ce qu'il y a de realité veritable* : & je n'ai même adjoûté ces dernieres , que parce que , ſelon l'avis que me donne ici l'Auteur , je n'ai peut être que trop apprehendé *qu'on ne prît un mauvais ſens.*

L'Auteur. *Voici maintenant la de-*

* *De Trinitate. lib 8. cap 3.*

monſtration. » Penſer à rien , & ne
» point penſer , appercevoir rien , &
» ne point appercevoir , c'eſt la mê-
» me choſe : donc tout ce que l'eſ-
» prit apperçoit immediatement &
» directement eſt quelque choſe , ou
» exiſte.....Or je penſe à l'infini, j'ap-
» perçois immediatement & directe-
» ment l'infini. Donc il eſt. Car s'il
» n'étoit point, je n'appercevrois rien.
» Ainſi en même temps j'appercevrois
» & je n'appercevrois point , ce qui
eſt une contradiction manifeſte. « *Si*
ce n'eſt qu'un infini qui renferme en ſoi
la realité d'une infinité de choſes que
nôtre eſprit conçoit , ce n'eſt pas beau-
coup avancer pour l'exiſtence de Dieu.
Il faut donc dire que nous concevons
l'infini en toutes perfections , & par
conſequent infini en exiſtence , & par
ſa même infinité diſtingué de tout le
reſte. Aprés cette demonſtration fondée
uniquement ſur la notion que nous avons
de Dieu, on ne s'attendoit point du tout
» à ce que cet *Auteur* ajoûte : Quoi-
» que la perception dont cette idée
» nous touche , ſoit la plus legere de
» toutes , d'autant plus legere qu'elle
» eſt plus vaſte , & par conſequent

infiniment legere , parce qu'elle eſt «
infinie. « *Car enfin quelle peut être la
ſolidité d'un raiſonnement établi ſur une
perception la plus legere de toutes , &
infiniment legere ?*

Rɛ'ᴘᴏɴsᴇ. Un des plus grands
obſtacles qui empêchent les hommes
de reconnoître la realité des idées
abſtraites , ou qui ne modifient point
l'eſprit par des perceptions ſenſibles ,
c'eſt qu'ils ne jugent ordinairement
de la realité des idées que par la
ſenſibilité des perceptions dont elles
touchent leur eſprit. C'eſt pour cela
que je fais dire au Chinois , que bien
que réduit à n'avoir rien à repliquer
à mes raiſons , il n'en eſt point con-
vaincu ; *parce qu'il lui ſemble toûjours ,
que quand il penſe à l'infini , il ne penſe
à rien.* Je m'applique à lui faire
ſentir l'extravagance de ſa prévention dans l'onziéme page & dans les
ſuivantes. Je lui en découvre la cauſe,
& je tâche de lui faire comprendre
cette verité : Qu'il ne faut pas juger
de la realité des idées , ni même de
leur efficace , par le plus & le moins
de vivacité des perceptions dont
elles nous touchent , mais par le plus

& le moins de realité que l'efprit découvre en elles. Car une même idée peut non feulement nous toucher fucceffivement d'un grand nombre de perceptions toutes differentes, mais même comme je le prouve par l'experience, de plufieurs differentes dans le même tems. Et qu'ainfi, quoique l'infini nous touche dans cette vie d'une perception *tres - legere*, telle qu'il femble, que quand on y penfe, on ne penfe à rien, il eft contre la raifon de s'imaginer, qu'il a moins de realité que le fini, à caufe que l'idée du fini nous touche de perceptions vives & intereffantes. Suppofé qu'on ait lû avec beaucoup d'attention les endroits de l'Entretien que j'ai marquez, qu'on juge du refte du Texte que je viens de tranfcrire. Pour moi il me paroît que l'Auteur a voulu divertir fon Lecteur à mes dépens, ou plûtôt qu'il ne comprend pas ce qu'il critique. Cela paroît affez par le Texte que je vais tranfcrire, & l'Auteur même femble en convenir de bonne foi.

L'Auteur. *Paffant enfuite à la maniere dont nous connoiffons, il diftingue entre*

*entre idée & connoiſſance: Celle-là eſt
l'objet immediat de celle-ci, & c'eſt en
ſoi l'eſſence de Dieu* « qui peut, en «
me touchant par ſes realitez effi- «
caces ; car il n'y a rien en Dieu «
d'impuiſſant, c'eſt-à-dire, en me «
touchant par ſon eſſence, entant «
que participable par tous les eſtres, «
me découvrir, ou me repreſenter «
tous les eſtres. » *C'eſt ainſi*, dit-il, «
*que Dieu nous fait voir toutes choſes en
lui, ſans ſe faire voir lui-même.* « Sup-
poſons, *ajoûte-t'il*, pour expliquer «
ſa penſée, que le plan de ce mur «
ſoit capable d'agir ſur vôtre eſprit, «
& de ſe faire voir à lui : il eſt clair «
qu'il pourroit vous y faire voir «
toutes les lignes courbes & droi- «
tes, & toutes ſortes de figures, «
ſans que vous viſſiez le plan. Car «
ſi le plan vous touchoit ſeulement «
entant que ligne, & que le reſte de «
ce plan ne vous touchât point, & «
devint parfaitement tranſparent : «
vous verriez la ligne ſans voir le «
plan, quoique vous ne viſſiez la «
ligne que dans le plan. «

Il étoit, ce ſemble, à propos que
l'Auteur ſe donnât la peine de tranſ-

B

crire ce qui fuit : » & par l'action du
» plan fur vôtre efprit : parce qu'en
» effet ce plan renferme la realité de
» toutes fortes de lignes. Ainfi Dieu,
» l'Etre infiniment parfait , renfer-
» mant éminemment en lui-même
» tout ce qu'il y a de realité ou de
» perfection dans tous les eftres , il
» peut nous les reprefenter , en nous
» touchant par fon effence, non prife
» abfolument , mais prife entant que
» relative à ces eftres , puifque fon
» effence infinie renferme tout ce qu'il
» y a de realité veritable dans tous les
» eftres finis. Ainfi Dieu feul agit im-
» mediatement dans nos ames , lui
» feul eft nôtre vie , nôtre lumiere ,
» nôtre fageffe , &c.

L'Auteur. *Mais il femble que le plan devenu tranfparent ne toucheroit plus l'efprit, & qu'alors la ligne feroit vûë en elle-même.*

C'eft auffi précifément ce que je prétends conclure de ma comparaifon groffiere. *On verroit alors la ligne fans voir le plan :* On peut donc voir immediatement, ou en elles-mêmes , les idées des eftres qui font en Dieu, fans le voir lui-même. On peut voir son essence entant que relative aux estres créez & possibles, sans voir son essence prise absolument. C'est uniquement ce que j'ai voulu faire concevoir, & ce qui par conséquent détruit ce que l'Auteur nous va dire.

L'AUTEUR. *Mais de plus supposé, 1° Que Dieu touche nôtre esprit par son essence. 2° Que cette essence contient en soi la realité de tous les estres, si même, au sentiment de l'Auteur, elle a sa propre realité, n'étant point un estre particulier. 3° Que ces realitez, quelles qu'elles puissent être, sont d'elles-mêmes efficaces ; il semble s'ensuivre, qu'essence efficace, & realitez efficaces, touchant ensemble nôtre esprit, se font voir ensemble, & causent une perception non interrompuë, par laquelle Dieu est vû en lui-même, ou en son essence ; & toutes choses sont vûës en Dieu, ou en l'essence de Dieu.*

Je prie le Lecteur qu'il tâche de comprendre ce discours, & sur tout de l'accorder avec celui qui précede ; afin que par là il sente l'embarras où l'on se trouve, lors qu'on voudroit bien répondre, avec quelque exactitude, à un homme qui critique ce qu'il me paroît n'entendre pas. Ce que je puis faire, c'est de repeter: Que je crois * *que Dieu touche nôtre esprit par son esseace*, j'ajoûte, *immediatement & directement* NULLA *interposita creatura*, comme parle saint Augustin; mais non selon ce qu'elle est en elle-même cette divine essence, ou prise absolument, mais prise relativement à ses créatures, c'est-à-dire, comme l'explique S. Thomas, *p. 1. quæst. 15. art. 2.* entant qu'elle en renferme les idées. C'est ce que je crois avoir bien démontré dans plusieurs de mes ouvrages, & même fort au long dans ma derniere Réponse à une troisiéme Lettre posthume de M. Arnauld. Je cite plûtôt cette derniere Réponse que les autres, qu'on a de la peine à trouver, pour exciter la curiosité de l'Auteur à la lire, & par-là le mettre en état de juger de mon sentiment avec connoissance de cause. Au reste je crois devoir dire que ce sont ces paroles offençantes, jointes à celles que j'ai rapportées, & ausquelles j'ai déja ré-

* *Voyez la Preface des Entretiens sur la Métaphysique, & sur la Religion.*

pondu * : SI MESME, AU SENTIMENT
DE L'AUTEUR, L'ESSENCE DIVINE
A SA PROPRE REALITE', DIEU
N'E'TANT POINT UN ESTRE PAR-
TICULIER, qui m'ont mis dans la
fâcheufe & défagréable neceffité de
répondre, & de demander à l'Auteur devant tout le monde, comment
aprés avoir lû mon *Entretien*, & fur
tout la dix-feptiéme page dont il cite
même quelques paroles, il a pû former, & qui pis eft publier un foup-
çon fi cruel. Je prie Dieu qu'il lui
pardonne fa faute, & l'Auteur qu'il
tâche de la reparer, en faifant imprimer dans les mêmes Memoires de
Trévoux ma Réponfe à fa critique,
afin que l'une & l'autre ayent les mêmes Lecteurs : ou du moins qu'il l'a
repare par fes prieres, afin que Jefus-
Chrift me donne les fecours neceffaires pour regler les mouvemens de
mon cœur, fur le precepte qu'il nous
a donné d'aimer ceux qui nous ont
offenfez.

L'AUTEUR. *Un fage Lecteur qui ne
trouve point en luy de telles lumieres
plus étenduës que celle de la beatitude,*

* cy-deffus pag. 12.

se reduira à se dire à lui-même, qu'il n'est pas toûjours d'un bon esprit de comprendre tout Auteur : il avoüera qu'il n'est pas initié à ces mysteres, d'idée distinguée de sa connoissance, & qui est l'essence de Dieu, de realitez des choses en Dieu, d'essence de Dieu qui touche l'esprit de l'homme : mais peut-être se souviendra-t'il en cette occasion d'un mot de Ciceron de la Nature des Dieux : Ego enim scire te ista melius quàm me, non fateor tantùm, sed facilè patior. Cum quidem dicta sunt : quid est ; quod Velleius possit, Cotta non possit.

Quelquefois *un sage Lecteur*, qui se flatte un peu trop, peut pour se consoler de ce qu'il ne comprend pas bien ce qu'il lit, se dire à lui-même : *Il n'est pas toûjours d'un bon esprit de comprendre tout Auteur :* mais apparament ce sage Lecteur n'en portera pas son jugement. Il avoüera simplement & modestement qu'il ne comprend point les sentimens de l'Auteur, sans se servir de ces expressions méprisantes : *Qu'il n'est pas initié à ces mysteres, d'idée distinguée de sa connoissance, & qui est l'essence de Dieu, & le reste.*

Car il me paroît que non seulement
c'est décider, *que l'idée & la connois-*
sance ou la perception qu'on en a, ne
sont que la même chose ; mais encore
que c'est traitter le sentiment contraire d'extravagant & de ridicule,
pour ne rien de pis. Cependant l'Auteur me permettra de lui representer,
que soûtenir *que les idées ne sont point*
distinguées de nos perceptions ; c'est, si
je ne me trompe, établir invincible-
ment le pyrrhonisme dans les scien-
ces, & le libertinage dans la morale.
C'est soûtenir ce qui sans doute est
fort éloigné de la pensée de l'Auteur ; c'est, dis-je, indirectement,
mais par des consequences qui me
paroissent évidentes & necessaires,
soûtenir qu'il n'y a point de veritez
éternelles, immuables, necessaires,
communes à tous les esprits, ni même de semblables loix, car l'un suit
de l'autre. En voici quelques preuves.

Il est évident que les veritez ne
sont que les rapports qui sont entre
les idées. Deux & deux sont quatre,
& deux & deux ne sont pas cinq, ne
sont des veritez, que parce qu'il y a

un rapport d'égalité entre 2. & 2. &
4. & un d'inégalité entre 2. & 2. &
5. c'eft-à-dire que 2. & 2. eft la même chofe que 4. & que 2. & 2. eft
moins que 5. Si donc les nombres
nombrants, que S. Auguftin appelle
divins & éternels, & qui font les idées
par lefquelles nous comptons les chofes *nombrées*, ne font point *diftinguées*
des perceptions paffageres de nôtre efprit ; certainement les veritez des
nombres ne feront point éternelles &
immuables : car nos perceptions ou
nos connoiffances n'étoient point
avant nous , & il ne peut y avoir des
rapports differens entre des riens.

On convient ordinairement de ce
principe : Que l'on peut affirmer d'une
chofe ce que l'on conçoit clairement
être renfermé dans l'idée qu'on en a.
Mais fi l'*idée* qu'on a n'eft pas *diftin-*
guée de la perception , ou de la modi-
fication de l'efprit qui l'apperçoit,
ce principe n'eft pas certain. Car affurément Dieu n'a pas créé les eftres
fur nos perceptions paffageres , mais
fur fes éternelles idées : lefquelles
idées nous appercevons quand elles
nous touchent , & par elles les eftres
qui

qui leur font neceffairement confor-
mes. Je paffe bien d'autres raifons
qu'on peut voir ailleurs. Je dis feulement que fuppofé, *que les idées ne
foient point diftinguées de nos perceptions*, celui qui apperçoit que les trois
angles d'un triangle font égaux à
deux angles droits, peut bien affurer
qu'il l'apperçoit, ou que cela lui paroît ainfi, ce qu'accordoient les Pyr-
rhoniens : mais il n'a pas droit d'affurer que cela eft, & que tout homme, toutes les intelligences, & Dieu
même le voit comme lui, & que c'eft
une verité immuable, neceffaire,
éternelle ; car affurément fa propre
perception n'eft pas telle. Si donc il
y a des veritez éternelles & immuables, les idées font éternelles & immuables ; & comme telles il eft évident qu'elles ne fe peuvent trouver
que dans l'effence éternelle & immuable de la Divinité même.

L'Auteur ne devroit donc pas ; je
n'ajoûte point : *Si tant eft qu'il ad-
mette du vrai & du faux, du jufte &
de l'injufte neceffairement tel, des veritez & des loix éternelles, neceffaires,
immuables, communes à tous les efprits,*

puis qu'il confond les idées avec les connoiſſances ou perceptions de l'ame. A Dieu ne plaiſe que je forme de lui un tel ſoupçon, quoique mieux fondé que celui dont je viens de me plaindre. Je ne doute nullement du contraire. L'Auteur, dis-je, ne devroit pas declarer d'un air railleur: *qu'il n'eſt pas initié à ces myſteres d'idée diſtinguée de ſa connoiſſance,* & le reſte, ni ajoûter ſon paſſage de Ciceron. Car enfin la queſtion dont il s'agit eſt ſerieuſe, & d'une extrême conſequence. Comme j'ai plus lû S. Auguſtin que Ciceron, qu'il me permette de lui dire ce petit mot que j'ai lû dans ſon premier Livre contre les Académiciens: *Quæſo ut ratio præveniat riſum tuum: nihil enim eſt fædius riſu irriſione digniſſimo.* Dans un tems où les erreurs des Auteurs Anglois, Hobbes, Locke, & quelques autres, ſe répandent par tout, & *font de trop grands ravages* pour demeurer *ſecrets,* il ne faudroit pas ſe railler de ce principe, *Que les idées ſont differentes des perceptions que nous en avons; qu'elles ſont éterneiles & immuables,* & *nos perceptions paſſageres.* Car ſans ce principe que je crois avoir bien démontré dans mes Réponses à M. Arnauld, & ailleurs, je ne vois pas qu'on puisse par la raison arrêter le cours de leurs tres-dangereuses erreurs.

Pour juger de ce qui suit, il faut necessairement lire avec attention dans l'Entretien depuis la page 57. jusqu'à la page 66. & si l'on y trouve quelque obscurité, ce que j'espere qu'il n'arrivera pas, on pourra recourir aux *Entretiens sur la Metaphysique & sur la Religion*, où je traite plus amplement de la Providence divine.

L'AUTEUR. *Pour justifier la Providence, qui permet que les moissons soient ravagées, & que tant d'accidens nous fassent souffrir, cet Auteur dit que Dieu aime plus sa sagesse que son ouvrage: ce qui certainement est vrai, & il n'y a qu'à le bien expliquer. Or sa sagesse lui a dicté d'employer des principes tres-simples pour la création du monde, & de n'en point interrompre le cours qui amene ces inconveniens dont nous nous plaignons. Il y a en cela du vrai: & en effet Dieu feroit-il perpetuellement des*

miracles pour arrêter , & pour détour-
ner les caufes naturelles ?

Il eft moralement impoffible de de-
viner par ce difcours quelle eft ma
penfée , & tres-difficile de s'affurer
de celle de l'Auteur. Il dit que , felon
ma penfée , *la fageffe de Dieu lui a*
dicté d'employer des principes tres-fim-
ples pour la création du monde. Je fçai
bien que c'eft ce que je n'ai jamais
penfé. Si en cela il y a du vrai , comme dit l'Auteur , je ne puis le découvrir. Dieu , felon ma penfée , n'a
point employé d'autre *principe* pour
la création , qu'un acte de fa volonté
toute puiffante. Je juge des paroles
fuivantes , *& de n'en point interrompre*
le cours , & le refte , que par *les prin-*
cipes tres-fimples , que la fageffe de
Dieu lui a dicté d'employer pour la
création du monde , l'Auteur entend
les *caufes naturelles.* Mais certainement avant la création du monde , il
n'y avoit point de ces *caufes naturel-*
les , dont le cours amene des inconve-
niens. Il faut donc , ce me femble ,
qu'il ait mis par mégarde pour la
création du monde , au lieu de pour
le *gouvernement* du monde. Il y au-

roit en cela du vrai. Car Dieu employe les caufes fecondes dans le gouvernement du monde. Mais, ce difcours entendu comme on voudra, donne de mon fentiment une idée fi generale & fi confufe, que quand même, ce qui n'eft pas, je ne conviendrois en rien de ce qu'il dit dans la fuite, le Lecteur ne verroit pas comment mon fentiment, qu'il ne comprendroit point, feroit folidement refuté.

Comme je fens par moi-même que j'ennuye mon Lecteur, je vais feulement continuer jufqu'à la fin le texte de l'Auteur, afin qu'on l'ait entier, fans en examiner fcrupuleufement le fens. J'ajoûterai feulement quelque réponfe en differens caracteres entre deux crochets.

L'Auteur. *Mais fi l'on fait attention, que des principes ne font appellez fimples ou compofez, que par rapport à ce qui en doit refulter, on comprendra aifément qu'il eût été de la même fageffe, de mettre en œuvre d'autres principes pour former un autre monde, & plus de principes pour un monde plus parfait. Comme c'eft la même habileté d'un Ar-*

chitecte d'employer plus de materiaux
& de plus riches pour un plus grand &
plus magnifique Edifice : & comme c'est
la même habileté d'un Horloger d'employer un plus grand nombre de roües
pour la sonnerie, le reveil-matin, les
minutes, la repetition. [J'accorde, &
même j'ai dit non les paroles, mais
le sens de tout cecy dans l'Entretien,
page 60. & 62. & plus amplement
ailleurs, comme dans ma derniere
réponse à M. Arnauld page 265. &
271. & dans le premier volume des
Entretiens sur la Metaphisique, page
268. & suivantes.] Puis donc que la
sagess de Dieu n'a point demandé de
lui qu'il créât le monde comme il est, ou
plus parfait, il en faut venir à ce que
le bon sens & la Religion ont fait dire
aux Peres, quand ils ont eu à répondre
aux Epicuriens & aux Manichéens,
ennemis de la Providence ; que le monde
avec ses prétendus défauts, porte dans
sa beauté & son constant arrangement
les traits d'une sagesse & d'une puissan-
ce infinie, que les incommoditez que
nous ne voudrions pas sentir servent à
exercer les bons, & à punir les mé-
chans, qu'enfin Dieu sçait tirer un plus

grand *bien de ce qui nous paroît être un mal.* [J'accorde encore tout ceci équitablement interprété, *le bon sens & la Religion* me l'a fait dire & écrire souvent. Je dis équitablement interpreté : car je n'accorde pas qu'il n'y ait du mal qu'en apparence Je crois qu'il y a du mal , que Dieu le permet , & qu'il en tire du bien. Je crois aussi qu'il a dans le monde non seulement des défauts *prétendus* , mais de veritables défauts , qui arrivent , comme on dit dans l'école , *ob defectum causarum secundarum* : mais tout cela n'est qu'accessoire. Je réponds à l'objection du Chinois. Il faudroit examiner si ma réponse est solide, ou contraire *au bon sens & à la Religion.* Je ne vois pas que le *bon sens* eût demandé que je tirasse l'origine du mal du peché originel , en répondant au Chinois, que je suppose n'avoir jamais entendu parler de ce peché. Lui dire aussi que nos pechez actuels font la cause de nos maux, ç'eût été m'engager à lui expliquer, comment donc les plus grands pecheurs ne font pas en ce monde les plus miserables : ce qui m'auroit mis dans la necessité de for-

tir de mon sujet, & de lui dire bien
des veritez que les Chrétiens sçavent
& qu'il n'auroit point entenduës,
ou qu'il auroit peut-être regardé comme des défaites. Enfin on ne peut &
on ne doit pas toûjours tout dire, &
je n'ai nullement prétendu, qu'il n'y
eût point d'autres réponses que les
miennes à rendre à la preuve du chinois, que le *Ly n'est point intelligent,
puis qu'il fait naître aveugle un enfant
avec deux yeux*, & le reste.] L'Auteur continuë. *Au reste le Philosophe
Chinois, moins par le genie propre de
sa nation, que par l'admiration de tant
de subtilitez, ne se rend point contentieux. Il expose ainsi son système.*
» Nous * ne recevons que la ma-
» tiere & le Ly, cette souveraine
» verité, sagesse, justice, qui sub-
» siste éternellement dans la matiere,
» qui la forme & la range dans le bel
» ordre que nous voyons, & qui
» éclaire aussi cette portion de ma-
» niere épurée & organisée, dont
» nous sommes composez. Car c'est
» necessairement dans cette souve-
» raine Verité, à laquelle tous les
» hommes sont unis, les uns plus,

les autres moins, qu'ils voyent les «
veritez & les loix éternelles qui «
font le lien de toutes les societez. «
[On croiroit peut-être par ces paroles de l'Auteur : *Le Philosophe Chinois ne se rend point contentieux par
l'admiration de tant de subtilitez,* on
croiroit, dis-je, que ce Philosophe
n'expose son système qu'à la fin de
l'Entretien, qu'aprés avoir entendu
toutes les *subtilitez* qu'avoit à lui dire
le Philosophe Chrétien ; mais on se
tromperoit fort. Le Chrétien n'avoit
pas encore ouvert la bouche, rien
declaré de ces *subtilitez,* ausquelles le
Chinois *par admiration ne se rend
point contentieux.* Car c'est le Chinois
qui ouvre la conversation, & qui
declare d'abord son système.] *Qui
reconnoît la necessité d'un tel principe,
a déja fait une grande démarche vers
l'existence de Dieu. Il ne reste plus qu'à
le dégager de la matiere. Mais ce qu'a-
joûte le Chinois, que le Ly est sans connoissance & sans sagesse, luy qui est la
sagesse éternellement subsistante, & une
étrange contradiction, qui autorise les
Jesuites Missionnaires de la Chine à soûtenir, que la Philosophie de la nation*

*condamne l'Athéïsme , & enseigne l'é-
xistence de Dieu Créateur & Roi du
Ciel & de la Terre.*

Le Chinois de l'Entretien n'ajoûte
pas que le *Ly* est *sans sagesse* , il est ,
selon lui, la sagesse & la regle ou la
justice même : mais il dit *qu'il n'est
pas sage* , parce qu'il est meilleur ou
plus excellent que le sage. Car, selon
lui , la sagesse qui seule rend sage ,
vaut mieux que le sage ; & il n'y a
rien d'aussi excellent , rien d'aussi bon
que le *Ly* ou la sagesse. Il croit même qu'il y a contradiction que la sagesse soit sage , parce que la forme &
le sujet doivent être differens. Quand
ce même Chinois dit encore , que
le *Ly* est la *verité & la sagesse éternellement subsistante* , il ajoûte *dans la
matiere* : car il ne croit pas qu'elle
puisse subsister en elle-même indé-
pendamment de la matiere. Ce sont
là les erreurs de ce Chinois que j'ai
tâché de refuter , je ne parle point
des autres. Mais, dit l'Auteur , ce
sont-là des *contradictions étranges* ,
qui autorisent les Jesuites , &c. Oüi ,
si les hommes ne tomboient pas souvent dans d'*étranges contradictions* :

mais la Religion des Payens prouve le contraire. Ce font-là des paradoxes étranges : Le Pere Malebranche, ou le Philofophe Chrétien l'avoüe, & le reproche auffi au Chinois. Il a crû ne choquer perfonne, en tâchant de le défabufer, & de lui faire comprendre, comment le vrai *Ly*, le Dieu des Chrétiens eft fage par lui-même, & la fageffe qui rend fages tous ceux qui le font. Il s'eft imaginé qu'il y auroit des Chrétiens qui liroient avec plaifir & avec quelque profit l'explication qu'il en donne, *p.* 44. *jufqu'à* 53. & que cela pourroit être utile aux Miffionnaires de la Chine, & aux Jefuites mêmes qui fe fervent de fes livres pour la converfion de ces peuples. C'eft le témoignage que lui rend actuellement fa confcience & fa memoire. Mais, dit-on, *la Philofophie de la nation Chinoife condamne l'Athéïfme, & enfeigne l'exiftence de Dieu Créateur & Roi du Ciel & de la Terre.* J'en doute fort, car cela m'eft permis : & je le fouhaite bien davantage, car cela m'eft commandé. Mais c'eft-là un fait qui ne me regarde pas, & où je ne prens

ici nulle part. *La Philofophie Chinoife
condamne l'Athéïfme* : celle de l'Eu-
rope ne la condamne-t'elle pas ? Et
cela empêche-t'il de croire qu'il y a
quelques Spinofiftes, & de faire quelque Entretien entre un Chrétien &
un Spinofifte pour combattre les é-
tranges paradoxes de cet impie ? Si
des perfonnes inftruites des veritez
de la Religion, font capables de tom-
ber dans l'Athéïfme, que doit-on
penfer des Chinois qui n'ont point
été comme nous éclairez des lumieres de l'Evangile ?

Approbation de Monfieur Paftel.

J'Ay lû par l'ordre de Monfeigneur
le Chancelier un manufcrit inti-
tulé, *Avis au Lecteur*, &c. Fait à
Paris, ce 23. Aouft 1708. PASTEL.

Fautes à corriger dans l'Entretien.

Page 13. ligne 6: lifez *des objets ; il eft clair*
fans alinea.

p. 36 ligne 11. lifez *regarderiez*

p. 46. ligne derniere, lifez *viffiez*

p. 19 ligne 24. lifez *d'agir, & qu'il fuit.*

p. 54. ligne 28. lifez *entant que reprefentative
des efpaces materiels.*

Témoignages de plusieurs Jesuites touchant l'Athéïsme des Chinois.

LE Pere Matthieu Ricci, donné en Latin par Trigault, & traduit en François, à la fin du dixiéme Chapitre du premier Livre de l'Expedition Chrétienne en la Chine, aprés avoir parlé des trois Sectes, dit que l'opinion de tous les plus sages, & la plus reçûë en ce tems, est que ces trois *loix* s'unissent en une. *Et quelques lignes aprés,* il y en a plusieurs, lesquels avoüent ingenuëment leur irreligion ; & ceux qui se déçoivent eux-mêmes par une fausse credulité, vivent également pour la plûpart dans un tres-grand Athéïsme d'erreurs. *Il avoit déja dit au commencement de ce Chapitre :* Cette premiere lumiere s'est tellement obscurcie depuis, selon le cours des siecles, que si d'avanture aucuns s'abstiennent du culte des faux Dieux, il y en a peu de ceux-là, qui par une plus griéve chûte ne dégenerent à l'Athéïsme.

*Le P. Longobardi, aprés avoir rap-
porté les paroles du P. Ricci, que selon
le cours des siecles les Chinois vivent
pour la plûpart dans un tres-profond
Athéïsme, ajoûte dans sa Préface, num.*
16. In qua sententia omnes absque
differentia concordamus.

*Martin Martini, dans son Histoire,
liv.* 1. *parlant de la Secte des Philosophes ou des Lettrés, dit :* Quod omnia
temerè casúque existere arbitrentur....
de summo ac primo rerum principio
mirum apud omnes silentium..... *Et
dans son Atlas Chinois, sur le nom de
la ville* Kien ning-Fu, *il fait mention
du celebre Interprete Confucius, appellé*
Chū vuen-Kung. Hic Philosophiam
Confucii ita scitè explicuit, ut classi-
cus omninò habeatur auctor, illâque
explicatione uti omnes ex Imperato-
ris coguntur jussu.

*Alvares Semedo, dans sa Relation de
la Chine, traduite en François, & imprimé en* 1645. *s'explique encore plus
fortement dans le Chap.* 10. *de la premiere partie, aprés avoir parlé des Livres de Confucius, il ajoûte :* outre plusieurs gloses & explications, dont
néanmoins il n'y en a qu'une seule

qui ſoit reçûë univerſellement par la loy du Roïaume , ſans qu'il ſoit permis de l'impugner ou de la contredire aux actes publics , pour avoir tant de force & d'autorité que le Texte. *Cet Auteur ſi fameux , & ſi univerſellement approuvé , eſt nommé par les Jeſuites , l'Athée des Athées.*

Le P. le Gobien , au commencement de la Préface de l'Hiſtoire de l'Edit de l'Empereur de la Chine , compoſée ſur les Memoires du P. Viſdelou, admet deux Sectes des Lettrés contre les ſentimens du P. Ricci , du P. Semedo , & même du P. Viſdelou. La ſeconde , *dit-il*, & la dominante , quoique moins étenduë que quelques autres , eſt celle des nouveaux Philoſophes qui ne reconnoiſſent dans la nature que la nature même , qu'ils défiuiſſent le principe du mouvement & du repos.

Le P. le Favre dans ſon Apologie pour la ſociété , chap. 2. *nomb.* 4. *dit :* Sectam litterariam, ut antiqui Miſſionarii judicarunt , quatenùs ad poſteriorum temporum litteratos corrupta defluxit , merum Atheiſmum eſſe , ſed in nonnullis idololatriâ admixtum.

Le P. Viſdelou , & le P. le Gobien

après luy, appellent la Cour de l'Empereur de la Chine, qui se tient à Pekin, * cette fameuse Babylone, qui se flattant de renfermer dans l'enceinte de ses murs, tout ce qu'il y a de sagesse & de science dans l'Univers, n'est, à proprement parler, que le centre de l'erreur, l'azyle de l'Athéïsme, le rempart de l'Idolâtrie.

Le P. le Comte, lettre 10. *de ses Memoires sur l'état present de la Chine, page* 145. *de la seconde edition.* Il est important de faire connoître une troisiéme Secte.... C'est la Secte des Sçavans. *page* 145. Ils parlent de la Divinité, comme si ce n'eût été que la nature, c'est-à dire, cette force ou cette vertu naturelle qui produit, qui arrange, qui conserve toutes les parties de l'Univers, *page* 147. On ne voit dans leur ouvrage qu'un Athéïsme rafiné, & un éloignement de tout culte religieux.

* *pag.* 3. *de l'Hist. de l'Edit.* 1.